LOUIS DUVAL

UN HISTORIEN DE LA VENDÉE MILITAIRE

LÉON DE LA SICOTIÈRE

Extrait de la Revue du Bas-Poitou.

VANNES
IMPRIMERIE LAFOLYE
1895

A M. Léopold Delisle
hommage respectueux
L. Duval

LOUIS DUVAL

UN HISTORIEN DE LA VENDÉE MILITAIRE

LÉON DE LA SICOTIÈRE

Extrait de la REVUE DU BAS-POITOU

VANNES
IMPRIMERIE LAFOLYE

1895

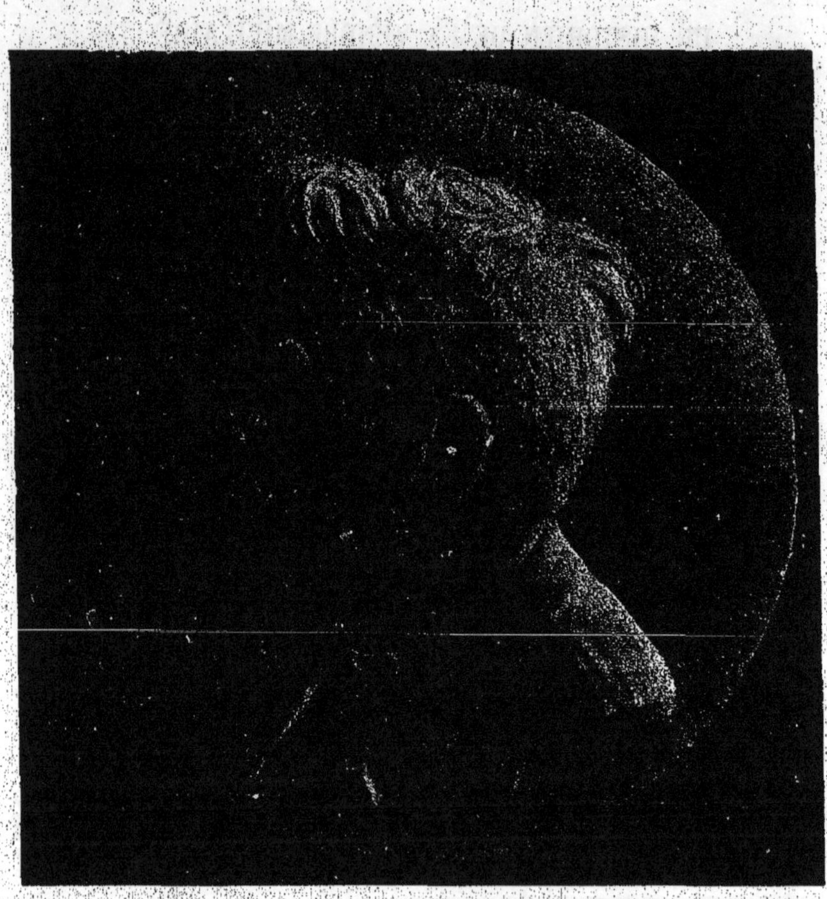

M. LÉON DE LA SICOTIÈRE

UN HISTORIEN DE LA VENDÉE MILITAIRE

LÉON DE LA SICOTIÈRE

SI M. de la Sicotière, par sa naissance et par ses travaux, appartient surtout à la Normandie, l'Armorique dans sa plus large extension a droit aussi de le revendiquer comme un de ses enfants. Des liens de famille, des relations d'amitié, que le temps avait fortifiées, le rattachaient à la Bretagne et au pays Vendéen. C'est là qu'il aimait à passer ses vacances; il s'y sentait plus à l'aise que partout ailleurs et il en revenait toujours plus alerte, plus vigoureux et plus apte au travail. L'archéologue, l'historien, l'écrivain et le penseur formé à l'école de Châteaubriand et de Walter-Scott, s'y trouvait naturellement dans son milieu, et une sympathie étroite et profonde y ramenait sans cesse sa pensée. C'est dans le château de Kernus qu'il a écrit les dernières pages de son principal ouvrage *Louis de Frotté et les insurrections normandes*, qui lui a ouvert les portes de l'Académie des sciences morales et politiques.

Profondément modeste, il n'aimait pas à parler de lui-même et pour connaître les origines de sa famille, c'est aux Archives départementales de l'Orne que nous avons dû nous adresser[1]. Les Duchesne, ses ancêtres du côté paternel, étaient originaires de cette région boisée et pittoresque située sur les confins de la Normandie et du Perche et qui, dans l'ancienne géographie ecclésiastique du pays portait le nom de doyenné de la Marche. Il n'est pas téméraire d'affirmer que, dans son tempérament, dans son caractère, on retrouvait quelque chose de cette antique origine, et c'est avec raison sans doute qu'un jeune poète[2], jouant sur son nom a dit :

> Dans les champs préférés de la province antique
> Vous vous enracinez, chêne aux rameaux puissants,
> Fouillant dans notre sol, mœurs, légende ou chronique,
> Dont la sève remonte et reverdit vos ans.

Les hommes véritablement originaux sont ceux qui résument en eux-mêmes les qualités de toute une race « la race de ces grands et vigoureux Normands, durs à la peine et fermes dans leurs opinions[3] ».

Louis Duchesne ou du Chesne suivant l'ancienne orthographe, était tabellion à Moulins-la-Marche en 1663[4] et Alexandre Duchesne figure parmi les exempts dans le rôle des tailles de Moulins en 1667[5]. Gilles Duchesne, commis des manufactures en Bassse-Normandie de 1670 à 1675[6] appartiendrait-il à la même famille ? Nous l'ignorons.

Léon de La Sicotière n'était pas, en tout cas, le propre neveu de Jean Duchesne, conservateur des estampes à la Bibliothèque royale, comme l'a dit M. Challemel-Lacour, mais

[1] J'ai été aidé dans ce travail par M. le vicomte du Motey qui a lui-même consigné le résultat de ses recherches dans son livre intitulé : *Une paroisse rurale au duché d'Alençon, Saint-Germain de Clairefeuille*, p. 129, 128, nº 10.

[2] M. Wilfrid Challemel, dans une pièce de vers intitulée A M. L. de la Sicotière placé en titre du *Souvenir du 3 octobre 1850*, p. 6.

[3] Comte G. de Contades, *Souvenir du 9 octobre 1890*, p. 14.

[4] Registre des insinuations du bailliage de Moulin la Marche.

[5] Rôles de la taille de l'élection d'Alençon.

[6] Jules Guiffrey, *Comptes des bâtiments du roi*, t. I, p. 445, 547, 850.

son neveu à la mode de Bretagne. Deux Duchesne, son grand-père et son grand-oncle, avaient épousé deux sœurs, filles de Jean Menjaud, chirurgien, originaire de Fréjus. La troisième fut mariée à Antoine-Nicolas Duchesne, fils d'Antoine Duchesne, peintre et architecte, né à Paris en 1708, mort en 1795, auteur d'une *Dissertation sur les ambidextres*, parue vers 1784 (in-8° de 16 p.); Antoine Nicolas, naturaliste, né à Versailles en 1747[1], est l'auteur de nombreux ouvrages sur l'histoire naturelle, la géologie et l'horticulture. Pour les bibliophiles et pour les psychologues, curieux de rechercher les affinités lointaines qui peuvent concourir à la formation d'un esprit d'élite, il n'est pas sans intérêt de rappeler qu'A.-N. Duchesne préluda aux publications illustrées de nos jours en faisant paraître, sous Louis XVI, le *Portefeuille des enfants*, recueil de planches gravées sous la direction Cochin, contenant un « mélange intéressant d'animaux, fruits, fleurs, habillements, plans, cartes et gravés suivant des réductions comparatives, accompagnés de courtes explications et de divers tableaux élémentaires, (Paris, Mérigot, Merlin, 1783 et années suivantes, 25 livr. in-4° de 5 à 6 planches, avec texte. Prix de la livraison, 1f,25, et sur grand papier, avec les premières épreuves. 2 fr.).

Antoine-Nicolas fut père de Jean Duchesne, l'iconographe conservateur du cabinet des estampes, né à Versailles en 1779, dont M. Challemel-Lacour a eu raison de rappeler le nom dans son discours au Sénat, à l'occasion de la mort de M. de La Sicotière, mais qu'il faut placer dans la ligne de ses collatéraux beaucoup plus loin qu'il ne l'a fait.

Revenons à Moulins-la-Marche. Alexandre Duchesne, tabellion à Moulins en 1690, avait eu deux fils : 1° Jean Duchesne, sieur de l'Isle et du Parc[2], qui avait épousé une de-

[1] Quérard, la *France littéraire*, t. II. p. 624.

[2] Ses armes indiquées par M. du Motey comme étant celles des Duchesne (*Saint-Germain de Clairefeuilles*, p. 128), ont été trouvées par lui sur le cachet d'une lettre de Jean Duchesne, sieur de l'Isle : *d'azur au chêne de... surmonté de trois croissants d'argent.*

moiselle Lévesque de la Hiberdière, et c'est de cette branche qu'est issu le docteur Duchesne-Duparc, né à Moulins en 1805, auteur de travaux très estimés sur les maladies de la peau, mort à Paris en 1870; 2° Alexandre, sieur de la Grimudière qui acheta en 1717 une charge de conseiller du roi, élu en l'élection d'Alençon et qui fut nommé fermier général et procureur d'office du marquisat de Lonray par Marie-Sophie Colbert de Seignelay, qui bientôt apporta en dot ce magnifique domaine au duc de Luxembourg, si connu par la noblesse de son caractère et par la bienveillance excessive qu'il témoigna jusqu'à la fin à l'auteur d'*Emile*.

Denis Duchesne, sieur de la Grimudière, son fils, lui succéda dans la charge de receveur du marquisat de Lonray qu'il remplissait encore en 1745. On trouve son nom et sa signature dans les minutes des plaids ou gages-plèges de cette seigneurie. C'est de cette époque que date l'acquisition des terres de la Sicotière (commune de Bursard) et de Chédouet (canton de la Fresnaye-sur-Chédouet, Sarthe), dont ses deux fils prirent le nom :

L'un d'eux, Denis-Alexandre Duchesne de Chédouet, garde du corps du roi, chevalier de Saint-Louis, marié à une demoiselle du Mesnil, vivait encore sous la Restauration; l'autre, Jacques-Robert-Etienne Duchesne de la Sicotière, garde du corps du roi, capitaine de cavalerie, avait épousé dame Marie-Josèphe Menjaud. Il suivit les princes dans l'émigration, prit part aux campagnes de l'armée de Condé et mourut à Helsen, principauté de Waldeck, dans la Prusse rhénane, le 3 mars 1799, laissant pour présomptifs héritiers Mme Menjaud, sa veuve et cinq enfants : 1° Jacques-Antoine Duchesne de la Sicotière, né à Alençon le 24 octobre 1777; 2° Jérémie Pierre; 3° Marie-Thérèse, mariée à Pierre-Louis Guillemot; 4° Luce-Pélagie-Joséphine, épouse de Jean-Charles Vatel; 5° Madeleine-Denise, épouse d'Armand de Faudoas, dont naquit Alexandre-Sébastien de Faudoas.

Par suite des lois iniques sur l'émigration, les biens de

Jacques-Robert Etienne, notamment la terre de la Sicotière, la Grande Noé, située à Saint-Aignan-sur-Sarthe, et la Vallée, sise à Saint-Aubin de Courtraye, furent séquestrés et vendus en 1793. Toute la famille fut alors soumise à de rudes épreuves. Mais pas une seule fois nous n'avons entendu M. de la Sicotière y faire allusion, et ces souvenirs pénibles n'altérèrent jamais la sérénité de son esprit.

Son père, Jacques-Antoine Duchesne de la Sicotière, avait épousé, à Valframbert près d'Alençon, le 7 novembre 1810, Jeanne-Dorothée-Adélaïde Lesage-Duparc, fille de M. Le Sage-Duparc, échevin et lieutenant de maire d'Alençon en 1789 dont l'intendant disait à cette époque : « Le lieutenant de maire, le sieur Duparc-Le Sage, est un négociant qui jouit ici généralement de la meilleure réputation. C'est un homme qui a beaucoup de jugement et qui ne jettera sûrement pas la ville dans de fausses démarches[2]. » Mme de La Sicotière apporta en dot à son mari la terre de la Dormie, située à Valframbert. C'était une femme distinguée, qui avait du goût pour les lettres et dont M. de la Sicotière ne parlait qu'avec vénération.

Pierre-François-Léon Duchesne de la Sicotière, premier fruit de cette union, naquit à la Dormie, le 3 février 1812. Il eut pour frère Jules de la Sicotière, lieutenant de louveterie, né le 2 février 1813 qui, comme l'a très bien dit M. le comte de Contades, représente, sous un aspect différent, un autre type remarquable du caractère mormand.

Le collège communal d'Alençon, où le jeune Léon fit ses études, était alors à l'apogée de sa prospérité, sous la direction de MM. Fremy. Il comptait parmi les professeurs quelques hommes distingués : M. Vacquerie professeur de

[1] C'est à cette branche qu'appartenait Charles Vatel, avocat à Versailles, auteur d'importantes publications sur Charlotte Corday, sur Vergniaud et sur la comtesse du Barry, auquel M. de la Sicotière a consacré une notice dans la *Revue de la Révolution*. t. VI, p. 70-77, 150-153.

[2] *Ephémérides de la Moyenne-Normandie et du Perche* en 1785, p. 143

seconde, M. Bonnaire, et M. Huttemin, professeurs de mathématiques, M. Daulne, professeur de rhétorique, M. l'abbé Roger, professeur de philosophie, que leur plus brillant élève Léon de La Sicotière, nous a fait connaître dans son *Histoire du collège d'Alençon* et dans les notices particulières qu'il leur a consacrées. Il eut pour camarades, au collège d'Alençon, Désiré d'Hostel, critique musical, Oscar Mercier, Eugène Dumont, auteur de l'*Expédition sentimentale*, Antoine Fournier, traducteur des *Lusiades*, Lefrou, fondateur de l'*Entr'acte Alençonnais*, le docteur Ragaine, Léon Masson. Mais Théobald de Fontenay et Léon de La Sicotière, qui formaient les deux colonnes de la classe, tous deux également bien doués par le cœur et par l'intelligence, exercèrent l'un sur l'autre une influence dont on a retrouvé la trace dans les fragments de leur correspondance qui ont été publiés. Tous deux, au milieu de la diversité de leur vocation, avaient un goût profond pour les lettres et pour les études historiques, et tous deux se préoccupaient de la nécessité de recourir aux sources. Le 23 juillet 1839, M. de Fontenay, entré au grand séminaire, écrivait à son ami La Sicotière :

« Je désirerais m'occuper un peu de l'histoire de France. La difficulté est de trouver un historien véridique et exact qui, en même temps, ne soit pas trop long... Si tu avais quelques renseignements à me donner à ce sujet, tu me ferais plaisir[1]. »

D'autres amitiés vinrent fortifier chez M. de la Sicotière ce goût pour les lettres et pour l'histoire, fruit naturel d'une instruction vraiment complète. A Caen, où il fut envoyé pour étudier le droit, il connut Paul Delasalle et Georges[2] Mancel, tous deux nés en 1812, et plusieurs autres jeunes gens très distingués.

[1] *Léon de La Sicotière et Théobald de Fontenay*, par M. S. Guesdon, directeur du grand séminaire (la *Semaine Catholique du diocèse de Séez*, 1853, p. 181-184).

[2] *V. Notice biographique et littéraire* sur Georges Mancel, par L. de La Sicotière, *Mém. de la Société des Ant. de Norm.* in-8° 72 p.

Il fut initié à l'étude de l'archéologie par M. de Caumont et donna, étant encore étudiant, un compte rendu du cours d'antiquités professé à Caen par M de Caumont (Caen, Pagne, in-8°, 10 p.) C'est là aussi qu'il connut Léon Barbey d'Aurevilly, alors rédacteur du *Moniteur normand*, et Trébutien qui venait de donner une édition des *Recherches et antiquités de Neustrie*, et qui fut, avec Jules d'Aurevilly, l'éditeur d'*Eugénie de Guérin*.

Quelques articles littéraires et des chroniques judiciaires, publiées dans l'*Ami de la vérité de Caen* (1832-1835), dans le *Mémorial* et dans la *Publicité de Caen* (1838-1840), furent les premiers indices de sa rare facilité de travail et de la souplesse de son talent.

Ses relations avec Paul Delasalle, sont surtout à noter. Paul Delasalle, brillant élève de Michelet à Sainte-Barbe, avait reçu des événements de 1830 une impression bien différente de celle qu'avait éprouvée La Sicotière. A l'instar d'Augustin Thierry, il s'était, au sortir du collège, fourvoyé dans le Saint-Simonisme et s'était vainement efforcé d'y amener Michelet qui résista. Revenu de ses illusions, Paul Delasalle fut accueilli à Caen avec une prédilection marquée par la jeunesse normande, et c'est là que se formèrent ses plus nombreuses amitiés. Il servit de lien entre les membres de la petite société qui s'organisa entre les étudiants. Il existait alors à Caen plusieurs maisons où « la culture de l'art se mêlait aux douces familiarités du foyer » et qui s'ouvrirent à eux avec empressement. Ces trois années d'études en commun n'avaient laissé à Paul Delasalle que les plus charmants souvenirs. Il y est revenu sans cesse dans sa correspondance et il les appelait avec raison : « l'heureuse étape de sa jeunesse ».

Après avoir hésité quelque temps, Paul Delasalle s'était décidé à acheter une étude d'avoué à Mamers, pendant que La Sicotière, de son côté, venait de se faire inscrire comme avocat au barreau d'Alençon, où il ne tarda pas à conquérir une place distinguée[1]. Il est permis de supposer que l'amitié de P. Delasalle pour La Sicotière ne fut pas étrangère à cette détermination. Son amitié lui fut précieuse, en effet, dans sa solitude de Mamers et, il trouva en lui un confident discret de ses pensées, de ses travaux et de ses ennuis. On le voit essayer de le réconforter ; il le presse par exemple d'achever son Robert Garnier,ou il lui donne rendez-vous pour quelques-unes des ces promenades archéologiques aux environs auxquelles nous devons : Une *Excursion dans le Perche.* — Une *Excursion à Saint-Cénery.*— Une *Excursion à Saint-Léonard*, par Paul Delasalle, *Excursion dans le Sonnois* et *Excursion dans le Maine*, par Léon de la Sicotière, qui datent de 1835 à 1842. Deux études de P. Delasalle, *Charlotte Corday* et le *Fédéralisme en Normandie* accentuent encore cette communauté de vues entre les deux amis que nous avons signalée. On y voit poindre ce goût des recherches relatives à l'histoire de la Révolution dans lesquelles La Sicotière devait exceller et d'où est sorti son grand ouvrage *Louis de Frotté.*

Le mariage des deux amis n'avait fait que fortifier les liens qui les unissaient. Le 23 février 1835, Léon de la Sicotière avait épousé Pauline-Marguerite Astoud, fille du directeur de l'Enregistrement du département de l'Orne[2]. L'une des poésies de Paul Delasalle, publiée en 1843 dans les *Rêves du printemps*, est dédiée « à Madame Pauline L. D. S. »

Les joies pures, les satisfactions profondes que procure la bonne et simple vie de famille, exempte de vanité, d'ambition, la vie pleine et harmonieuse, où tout est à sa place et où le culte de l'art et de la science « se mêle aux douces fa-

[1] Plaidant alternativement au civil ou au criminel. L. de la Sicotière ne tarda pas à voir son cabinet très suivi. Il faut noter qu'à cette époque les procès étaient beaucoup plus nombreux qu'aujourd'hui. Les crimes ne l'étaient pas moins, puisqu'à la première session de 1835 nous trouvons *vingt-quatre* affaires portées au rôle des assises.

[2] Le 23 mars 1835, M. de Fontenay lui écrivait : « J'ai pensé souvent à toi à l'époque de ton mariage, et j'ai demandé à Dieu de bénir ton union et de récompenser les sentiments religieux que je t'ai toujours connus depuis tes premières années. »

miliarités du foyer » devaient être de courte durée pour les deux amis. L'aimable femme à qui Paul Delasalle dédiait l'une de ses poésies, mourait prématurément le 30 novembre 1841, et celui-ci, frappé par un mal auquel il chercha en vain à se dérober en s'éloignant de Mamers pour s'établir à Auteuil, était enlevé à l'affection de son ami le 30 juillet 1845. Le 12 mars 1845, il lui écrivait encore :

« Je vous remercie de vos appréhensions. La durable affection qui les a dictées est déjà un lien puissant qui me retient de ce côté. Ce n'est pas précisément l'ennui des affaires qui me pousse à déguerpir ; ce n'est même pas l'atonie du milieu de petite ville ; vous savez que je n'ai guère d'ambition pour moi-même ; je ne m'attribue aucun mérite rare... ce seraient plutôt des causes cachées qui auraient sur moi quelque influence.... et puis, je ne sais quelle crainte vague sur la durée de la vie. »

Plus heureux et plus courageux que son ami, mieux préparé d'ailleurs que lui aux luttes de la vie, soutenu de plus par le sentiment religieux et par le sentiment de la famille, La Sicotière ne devait pas se laisser abattre par le coup terrible qui l'avait frappé, en pleine jeunesse, au milieu de ses travaux archéologiques, de ses conquêtes bibliographiques dans lesquelles il trouvait un délassement aux fatigues du barreau. Ce deuil cruel ne fit qu'achever la maturité précoce de son esprit et qu'augmenter encore la rare puissance de compréhension dont il était doué.

Après P. Delasalle, Galeron et Louis Dubois eurent une influence notable sur la direction des études de La Sicotière. F. Galeron, né à Laigle en 1794, mort à Falaise, procureur du roi, en 1838, rédigea en 1834, au nom de la Société des Antiquaires de Normandie, le *Rapport sur les monuments historiques de l'arrondissement d'Alençon*, et en collaboration avec MM. de Caumont et de Brix, le *Rapport sur les monuments historiques de l'arrondissement d'Argentan*.

Il avait publié en 1830, dans les Mémoires de la même Société, sa Notice sur quelques monuments druidiques du département de l'Orne. M. de la Sicotière, qui avait été un des fondateurs de l'Association normande, lui consacra une notice reproduite par l'*Annuaire Normand*[1].

Louis Dubois est le premier qui se soit occupé de la bibliographie du département de l'Orne. Il avait recueilli pour ce travail des documents nombreux dont il n'a utilisé qu'une partie. Professeur à l'Ecole centrale, bibliothécaire, rédacteur du *Journal d'Alençon* de 1797 à 1812 et de l'*Annuaire de l'Orne*, auteur de la *Statistique de ce département*, fondateur du Lycée des sciences, des lettres et des arts d'Alençon, éditeur des *Archives annuelles de la Normandie*, Louis Dubois a rendu aux études historiques des services qu'il est nécessaire de reconnaître, surtout lorsqu'on ne partage pas ses idées et ses préventions, et que l'on ne se croit pas obligé d'épouser ses querelles personnelles. M. de la Sicotière sut observer constamment cette sage mesure dans ses rapports avec Dubois, et c'est ainsi qu'il put utiliser les documents, les souvenirs, les indications qu'il put obtenir de lui. L'acquisition de sa bibliothèque, faite par lui en commun avec Julien Travers, professeur à la Faculté de Caen, doit être considérée comme un événement heureux pour les études historiques. Ce fut un des noyaux de cette bibliothèque si riche, surtout en documents relatifs à la période révolutionnaire, que M. de la Sicotière avait colligés et classés avec tant de soin.

Parmi les autres fonds qui vinrent successivement accroître cette bibliothèque, il faut citer celui de M. de Boullemer de Thiville, celui de M. Bouyer de Saint-Servais, le petit-neveu de Fontenelle, celui de M. de Hauteclair, celui de Delestang, celui des conventionnels Valazé, Fourmy, Plet-

[1] M de La Sicotière, tout récemment encore, disait à M. Abel Leclerc qu'il avait connu Galeron au sortir de l'Ecole de droit : « Nos relations devinrent promptement de l'amitié. En mourant il me fit l'honneur de me léguer trois cartons de brochures sur l'Orne. » (Notice sur M. L. de La Sicotière, *Journal de Falaise*, 16 mars 1895).

Beaupré. On y retrouve aussi quelques livres et manuscrits de Chrétien (de Joué du Plain), de l'abbé J. F. Gautier, de l'abbé Gérard, de M. Moisson, etc.

Parvenu à la maturité de son talent, M. de La Sicotière conçut le plan de ses deux principaux ouvrages : *Louis de Frotté et les insurrections normandes* et le *Département de l'Orne archéologique et pittoresque*, cette dernière publication illustrée de belles lithographies dont quelques-unes coloriées, parût en livraisons de 1845 à 1851. Ces travaux, joints à ceux du barreau, ne l'empêchèrent pas de collaborer à la *Mosaïque de l'Ouest*, dirigée par Emile Souvestre, à la *Revue de l'Orne*, à la *Normandie illustrée*, au *Maine pittoresque*, au *Magasin pittoresque*, et de fournir des articles pleins d'intérêt au *Bulletin monumental*, à la *Commission de topographie des Gaules* et à divers recueils bibliographiques à l'*Intermédiaire des chercheurs et curieux*, au *Dictionnaire des Anonymes*, aux *Supercheries littéraires dévoilées*, etc.

Il ne nous est pas possible d'oublier non plus qu'il prit une part considérable à l'organisation des différentes Expositions qui ont eu lieu à Alençon de 1842 à 1870 ; qu'il fut un des fondateurs du Musée de cette ville et de la Société historique de l'Orne, qu'il fut deux fois directeur de la Société des Antiquaires de Normandie en 1844 et en 1893 et qu'en dernier lieu, il était président de la Société d'histoire contemporaine. L'Académie des sciences morales et politiques, en le nommant membre correspondant dans la section d'histoire générale et philosophique, lui a assigné une place à laquelle il avait droit depuis longtemps.

Ses compatriotes n'ont pas oublié les services qu'il rendit à sa ville natale et à son département, au Conseil municipal et au Conseil de fabrique de N.-D. d'Alençon, à la commission du Musée, au Conseil général de l'Orne, à l'Assemblée nationale, au Sénat. Le président du Sénat, M. Challemel-Lacour, a rendu un hommage mérité à la noblesse et à la loyauté de son caractère, à la constance et à la modération de ses opinions, à la supériorité de son esprit, aux sentiments de bienveillance et de modestie dont il faisait preuve non seulement avec ses collègues et ses égaux, mais surtout dans ses rapports avec les plus petits. Il a rappelé les services qu'il a rendus comme législateur par ses rapports sur les actes du gouvernement de la Défense nationale, sur la protection des petits oiseaux et des animaux utiles et la destruction des espèces nuisibles, par ses vertus et par les discours et profession de foi dans lesquels il s'est montré constamment libéral dans la meilleure acception de ce terme, partisan dévoué et convaincu des institutions parlementaires, respecpectueux de la volonté nationale et adversaire résolu de la politique d'aventure et du despotisme d'en haut comme du despotisme d'en bas. La politique, en l'appelant sur un grand théâtre, ne fit qu'agrandir le cercle de son activité sans l'obliger à sacrifier aucune de ses amitiés ou de ses sympathies.

A l'Assemblée nationale, il se trouva en rapport intime avec les amis de la vieille Armorique vers lesquels le rapprochait déjà le goût des études historiques : Audren de Kerdrel, A. de la Borderie, A. Lallié.

Il nous reste à faire connaître les principaux travaux qu'il a publiés sur l'Anjou, la Vendée et la Bretagne.

Initié par Châteaubriand à cette religion du passé où s'alimente la flamme pure du patriotisme. M. de la Sicotière s'était de bonne heure pénétré de cette pensée, que l'Armorique, terre classique et dernier asile des traditions antiques et des légendes merveilleuses qui ont donné naissance aux poésies des bardes bretons, a été souvent cher pour l'inspiration des grandes pensées et des actions héroïques. Il a exprimé très nettement cette opinion dans son *Mémoire sur le roman historique* publié en 1839.

Son premier voyage à Angers date de 1841. Nous en avons comme témoignage ses *Rapports sur l'église Saint-Serge et sur la cathédrale d'Angers et la crypte de Lesvières*. Il assista également au Congrès tenu à Poitiers en 1843 et présenta un rapport sur la collection de Mme de La Fayette. Il adressa l'année suivante à la Société des antiquaires de l'Ouest des *Observations sur le symbolisme religieux*, à propos du système développé par M. l'abbé Auber.

Son second mariage avec Sophie-Marie de Launay de Saint-Denis lui fournit l'occasion d'entretenir des relations suivies avec la Bretagne et le pays vendéen. Il a ainsi marqué sa place dans la *Revue de l'Anjou* par *le Curé Cantiteau*. (*Notes sur les Cathelineau*, 1877, in-8°, 88 p., avec un supplément de 10 p., publié en 1878, par *le Curé Pons* 1880, in-8°. 125 p., par les *Préliminaires de la Pacification*, 1885, in-8°, 86 p., par son *Etude historique et critique* sur l'ouvrage de M. Port, *La Vendée angevine*, 1885, in-8°, 40 p.)

Dans la *Revue de Bretagne et de Vendée*, nous trouvons le *Patriote d'Héron*, 1879, in-8°, 51 p. — *M. Jules de la Pilorgerie*, 1882, in-8°, 20 p. — *Frotté en Bretagne et en Vendée*, 1884 in-8° 26 p.

A la Société des bibliophiles bretons, M. de la Sicotière a donné : *Vieux livres et vieux papiers. Lettre à M. Alfred Lallié, ancien député*, 1873, in-8° 34 p.

A l'Association bretonne, il fut chargé d'un *Rapport sur la visite aux anciens monuments, au Musée et à l'exposition archéologique de Châteaubriant*, 1882, in-8° 16 p.

La *Revue de la Révolution*, publiée à Nantes par M. Bord, eut en M. de la Sicotière un collaborateur des plus actifs. Il publia dans ce recueil : *L'Evasion du fort de Jouxe*, janvier 1805 1833, in-8°, 13 p. (Il s'agit, comme on sait de l'évasion de H. d Andigné). — *Un chapitre de l'histoire de Frotté. Naissance, famille, éducation, régiment*, 1884, in-8°, 28 p. — *Biographie, bibliographie* (contenant notamment une notice sur M. du Châtellier, t. VIII, p. 65, 80). Il faut y joindre une autre *Notice biographique* publiée dans le *Bulletin monumental* en 1885, (in-8° 11 p.)

Il donna, en 1875 un compte rendu de l'ouvrage de M. du Chatellier, la *Mort de Louis XVI*, Alençon, en 1875, in-8° 11 p.

Il publia également à Alençon, en 1878, un compte rendu intitulé : *David d'Angers, sa vie, son œuvre ses écrits et ses contemporains,* par M. Henri Jouin (in-8° 8 p.)

Il fit paraître dans la *Revue du Maine*, en 1877, *La mort de Jean Chouan et sa prétendue postérité* (in-8° 38 p.) en 1880, *René Chouan et sa prétendue postérité*, (in-8° 18 p.) ; et les *Soumissions dans l'Ouest* (janvier-février 1800, in-8° 44 p.)

Dans la *Revue des questions historiques*, nous trouvons en 1878 : Pacification de la Vendée (1800). Conversations sur un officier envoyé par le général Hédouville et MM. de Chatillon et de Bourmont, in-8° 16 p.

Dans la *Revue des documents historiques* : *Les articles secrets. Pacification de la Vendée en 1795*, 1881, in-8° 64 p.

Dans la *Revue des provinces de l'Ouest* : Bibliographie (Normandie-Anjou-Maine-Bretagne) 1830, in-4° 16 p.

Nous avons en outre à mentionner : l'*Association des étudiants en droit de Rennes avant 1789*. (Nantes, Vincent et E. Grimaud, 1883, in-8° 74 p.) — *Notice sur Notre-Dame du Chêne*. (Angers, Germain et Grassin 1880, in 8° 16 p) — *Généraux et chefs de la Vendée et de la Chouannerie*, (Paris, Retaux-Bras, 1887, in-8° avec portraits) M. de la Sicotière a donné dans ce recueil une importante étude sur Puisaye.

Je sortirais des limites que je me suis imposées si j'essayais de donner une analyse de l'ouvrage qui a consacré la réputation de M. de la Sicottière *Louis de Frotté et les insurrections normandes, 1793-1832*. (Paris, Plon, 1885, 3 vol. in-8°), auquel l'Académie des sciences morales a décerné le prix Marcellin Guérin. Les critiques les plus compétents, sans distinction d'opinion se sont accordés à reconnaître que cet ouvrage, fruit de vingt années de travail, constitue une mine inépuisable de renseignements sur les personnages qui ont été mêlés aux insurrections normandes et vendéennes, en même temps qu'un livre d'histoire, composé avec un talent remarquable. Personne peut-être n'en a mieux fait ressortir le mérite que M. Challemel-Lacar, dans son discours au Sénat.

Les historiens de la Révolution consulteront également avec profit sa *Bio-bibliographie de la Reine Marie-Antoinette.* (Paris, Dupuy de la Mahérie, 1862, in-8°, 62 p) et son mémoire intitulé *Le Faux Louis XVII.* (Paris, Victor Palmé, 1882, in-8°, 164 p.)

La *Revue du Bas-Poitou* a eu enfin l'avantage de recueillir le dernier ouvrage sorti de cette plume vaillante. Son mémoire sur *Louis XVII en Vendée,* dont le début a paru dans la première livraison de 1895, est une dernière réfutation des erreurs et des mensonges accumulés par les sectaires de la Petite Église royaliste, dont l'absurdité ne le cède en rien à celle des fanatiques convaincus de la Petite Eglise anti-concordataire.

Mais quelque importantes que soient les publications que nous venons d'énumérer, elles ne donnent cependant qu'une idée imparfaite des travaux réalisés par M. de la Sicotière. Le nombre des dossiers qu'il a préparés, des manuscrits qu'il a révisés et annotés et mis en état d'être imprimés est peut-être plus grand encore que celui des ouvrages qu'il a mis au jour. On cite, entre autres, une histoire du protestantisme dans la généralité d'Alençon, une étude complète sur Pierre Corneille Blessebois, divers répertoires archéologiques, historiques, biographiques, bibliographiques, enfin de précieuses collections de pièces autographes ou imprimées de la plus grande rareté, particulièrement de la période révolutionnaire, que plusieurs de nos grandes bibliothèques seraient heureuses de posséder.

Il me resterait à parler des éminentes qualités dont il était doué, à rappeler son affabilité, sa bienveillance pour tous les travailleurs, quelque humbles qu'ils fussent, la générosité avec laquelle il leur communiquait les richesses de son cabinet. Sa présence dans un Congrès ou dans une de nos modestes académies de province apportait sur toutes les questions une lumière et une vie nouvelle. Il était l'âme de ces réunions auxquelles son érudition profonde, son esprit plein de vivacité et d'agrément donnaient un charme dont ceux-là seuls qui l'ont goûté peuvent avoir une idée. Sa mort survenue presque inopinément est un deuil pour tous ses confrères à quelque province, à quelque branche de l'érudition qu'ils se rattachent. Ses amis de la Vendée, quelque insuffisante que soit cette notice, nous sauront gré tout au moins de l'intention que nous avons eue de rendre un hommage mérité à la mémoire d'un maître dont l'âge n'avait pu refroidir le cœur ni éteindre les brillantes facultés, et qui est mort, nous pouvons dire, la plume à la main.

www.ingramcontent.com/pod-product-compliance
Lightning Source LLC
LaVergne TN
LVHW020520230826
846091LV00008BA/3505

* 9 7 8 2 0 1 9 2 1 7 4 8 8 *